DISCOURS

PRONONCÉ PAR

M. LE DOCTEUR MAURICE COGNACQ

GOUVERNEUR DE LA COCHINCHINE

A L'OUVERTURE DE LA
SESSION ORDINAIRE
DU CONSEIL COLONIAL
LE 26 OCTOBRE 1925

SAIGON
IMPRIMERIE DU CENTRE
1925

DISCOURS

PRONONCÉ PAR

M. LE DOCTEUR MAURICE COGNACQ

GOUVERNEUR DE LA COCHINCHINE

A L'OUVERTURE DE LA SESSION ORDINAIRE

DU CONSEIL COLONIAL

LE 26 OCTOBRE 1925

En ouvrant aujourd'hui, Messieurs, votre quatrième session ordinaire depuis 1922, je ne puis me défendre d'une double émotion : de gratitude d'abord au souvenir de cette collaboration de trois années déjà, pendant lesquelles si souvent votre expérience et votre inlassable dévouement à notre petite patrie cochinchinoise ont éclairé la route où nous nous efforçons de diriger vers les définitives prospérités, l'essor de cette Colonie ; de confiance aussi, puisque, forts des résultats obtenus, vous saurez défendre dans l'avenir l'œuvre poursuivie et en accélérer l'utile développement.

Mais avant de vous tracer l'esquisse des réalisations dues à la persévérance de nos efforts communs, je ne saurais manquer au pieux devoir d'incliner l'hommage de mes regrets devant la mémoire de votre collègue disparu, le Conseiller Michel-Villaz, que trahirent, au seuil de la fortune courageusement gagnée, ses forces trop longtemps surmenées. Je tiens, d'autre part, à saluer le retour, parmi les rudes travailleurs du Conseil, d'un des plus brillants champions de la colonisation agricole à qui le collège électoral a rendu, par son enthousiaste unanimité, le plus magnifique et le plus juste hommage. Je suis également heureux de voir représenter les provinces de l'Ouest par M. Long de Travinh. Enfin, je ne saurais trop louer la Chambre d'Agriculture, récemment renouvelée, d'avoir délégué dans votre Assemblée, deux colons aguerris à tous les problèmes de la vie paysanne et soucieux de nous documenter utilement sur les desiderata de tous ceux qui font de la Cochinchine l'inépuisable grenier de l'Extrême-Orient et le plus beau fleuron de la couronne coloniale de notre chère France.

Plus que jamais, Messieurs, en ces heures où de graves crises fiscales et économiques inquiètent les courages de nos frères de France, nous devons nous souvenir qu'en développant la puissance de production de la Colonie, nous travaillons aussi pour faciliter et accélérer le rétablissement de l'équilibre de la Mère-Patrie. A l'issue des plus glorieux triomphes de son histoire guerrière, la France jalousée et redoutée même par ceux-là qui lui doivent peut-être le salut de la civilisation et de leur prospérité, s'obstine à asseoir généreusement la paix du monde sur l'oubli des injures passées. Fidèle aux traditions ancestrales, elle veut à sa suite entraîner les peuples vers les sommets pacifiques de l'universelle fraternité et préparer aux générations futures une ère de paisible bonheur où le règlement juridique des plus graves litiges dissipera l'horreur lugubre des massacres, des deuils et des ruines.

Mais à ses gestes de conciliation et d'amour, à ses appels de concorde répondent parfois des cris de haine. Une doctrine malsaine suscite de par le monde une croisade de violence contre les conquêtes chèrement acquises de la civilisation occidentale. L'utopie démagogique s'acharne à la destruction de l'ordre social, garantie du labeur et de la propriété : elle proclame les joies du retour aux primitives barbaries ; elle poursuit la destruction systématique des élites ; elle avilit l'éminente dignité de la pensée créatrice, ouvrière de progrès et d'idéal.

Fidèle à son détestable principe, cette doctrine de désordre condamne les dominations éducatrices. Elle s'acharne en Occident contre le nationalisme impérialiste, mais en Asie comme en Afrique, elle s'efforce soit à créer, soit à développer le sentiment national chez les peuples mêmes où la diversité des races réunies sous une seule appellation géographique, s'opposera pendant des siècles à la constitution de nations organisées et homogènes. Héritiers du principe des grands empereurs du XVe siècle, les apôtres communistes deviennent à leur tour des « rassembleurs de terres » et le monde entier n'est pas assez grand pour leurs ambitions. Chez ces peuples dissociés par des divergences de langue, de religion, de coutumes, elle surexcite la « xénophobie » contre ces étrangers dont les interventions pacifiques permirent une lente accession au progrès et l'évasion des traditions léthargiques. Sur la Chine, notre immédiate voisine, déferle une vague de mortelle contagion qui menace de submerger l'incessant effort de la civilisation occidentale.

Situation politique

Il serait étrange, Messieurs, que l'Indochine échappât aux idées de propagandistes de révolte et de violence. La Cochinchine, si accueillante aux immigrants, qui à l'abri de ses institutions de paix viennent y gagner des fortunes, accorde trop généreusement sa large hospitalité aux Asiatiques du Nord pour ne pas recevoir, parmi tant de malheureux avides de travail, quelques missionnaires du nouvel Évangile de haine. Nous savons que leur prédication malsaine s'attaque à notre domination et cherche à ruiner le prestige de notre action bienfaisante en s'efforçant d'éveiller chez nos protégés des aspirations confuses vers l'indépendance politique qui conditionnera l'universel bonheur.

Est-il besoin de vous dire, Messieurs, que la grande masse de la population de ces cultivateurs paisibles, dont l'ambition se limite à l'horizon de leurs rizières, apprécie depuis trop longtemps la sécurité où ils poursuivent leur profitable labeur pour accueillir des exhortations à la violence qui les ferait rétrograder vers des époques détestées de troubles et de ruines, dont leurs pères conservaient le cauchemar et leur inspirèrent une salutaire aversion. Depuis plus de cinquante ans la volonté pacificatrice de l'autorité française, l'obstination de ses efforts méthodiques, le magnifique apostolat créateur des colons et des fonctionnaires assurent aux populations protégées par la lente conquête des jachères et des forêts, par la facilité et l'accélération des communications, la certitude de richesses sans cesse accrues, garanties contre le pillage et les rapines. Mais, en dehors même de leur attachement sincère à un système d'institutions qui a fait ses preuves, l'amour de la terre, si profondément ancré au cœur du paysan et fortifié par le sentiment de la sécurité reconquise, en même temps que le culte de la famille, héritage précieux des traditions qui sauvèrent de l'anéantissement l'Annam déchiré par de longs siècles de dissensions et de ruineuses invasions, tels sont les remparts solides parce que fondés sur l'âme d'un peuple millénaire, contre lesquels se heurtera, sans les entamer, l'effort subversif de toute doctrine qui démolit la propriété, la famille et la religion par l'asservissement de la masse au profit d'une poignée d'idéologues.

Le peuple cochinchinois, au rude bon sens, échappe à la contagion de l'idée malsaine ; mais dans les centres, dans les villes, où se concentre la fausse élite, les champions clandestins des doctrines perturbatrices trouvent un sol mieux préparé à l'éclosion des germes de haine. Rien ne vaut, pour assurer la renommée auprès de ses collègues, d'un certifié d'études primaires à peine émoulu des rudiments de la grammaire française ou d'un titulaire de diplômes français facilement octroyés par l'indulgence des jurys métropolitains, que de critiquer violemment, dans la tranquillité des conciliabules nocturnes, les gestes de cette Administration française qui lui garantit chaque jour sa subsistance régulière et une retraite à l'âge des incapacités. On cite, entre soi, des phrases du Contrat social pieusement recueillies dans les feuilles annamites de l'opposition ; on se glorifie d'avoir retenu quelque forte pensée de Gandhi ou de Tagore.

Il ne convient sans doute pas, Messieurs, de s'effaroucher outre mesure de ces manœuvres clandestines : notre domination, qui s'est affirmée par tant de bienfaits dont profite la masse entière du peuple, ne peut être menacée par ces intrigues souterraines. La France ne saurait tolérer qu'une poignée de déclassés et d'ambitieux, dans le but incontestable de satisfaire leurs appétits de richesse et de puissance, cherchent à dresser contre elle la crédule naïveté d'une population travailleuse qui nous prodigua tant de fois les gages de son loyal attachement.

La tranquillité publique dans l'intérieur de la Cochinchine organisée et magnifiquement cultivée apparaît d'autant plus nécessaire que l'Administration française, fidèle à son programme de lente pénétration, cherche aujourd'hui à faire rayonner son influence jusqu'aux extrêmes confins du territoire, dans ces régions jadis mal connues qu'habitent des populations longtemps réfractaires à toute action civilisatrice.

Organisation des régions moïs

Les différentes reconnaissances entreprises de 1880 à 1909 ont permis à la Cochinchine, après entente avec les protectorats voisins de l'Annam et du Cambodge, de déterminer la zone d'influence des provinces de Thudaumot, Baria et Biênhoà en région moï et d'entreprendre la pénétration de celle-ci.

Suivant la règle de stratégie qui enseigne qu'un obstacle doit être non pas attaqué de front mais débordé pour être encerclé, l'action méthodiquement menée en vue d'une pénétration exempte de tous aléas a consisté à occuper la périphérie des territoires en question avant d'en aborder la partie centrale.

En conséquence, les délégations de Honquan et Budop furent créées en 1898 et 1911 et rattachées à la province de Thudaumot, tandis que les cantons moïs de Baria, d'accès facile, étaient l'objet d'une administration directe et que ceux de Bienhoà étaient placés sous la surveillance des postes administratifs européens de Chua-chan (1902) et indigène de Chon-thanh (1904).

En même temps que des voies de communication étaient construites vers l'Annam, des routes dites de pénétration étaient poussées activement sur la frontière du Cambodge et dans l'hinterland moï.

A l'heure actuelle, grâce à l'activité des délégués de Budop et de Honquan, la bande de terrain limitrophe du Cambodge dépendant de cette délégation est entièrement soumise à notre domination. Dans la province de Bienhoà, toutes les tribus dites annamitisées des régions d'An-binh et de Chua-chan relèvent de notre autorité et nous nous trouvons en contact avec les tribus non annamitisées, d'humeur indépendante et parfois guerrière, peuplant un vaste secteur, fort peu connu, limité au Sud par le cours de la Lagna et le canton moï de Binh-tuy, à l'Ouest par les cantons moïs et cambodgiens de Tan-thuan, Binh-cach, Thuan-loi et par le cours du Sông-Be, au Nord par le Dathoyt, affluent du Sông-Be (ou Dak Glun), comprenant les sources du Dak Rhlak du Sông-Be et du Dak Rhlak, à l'Est par les limites des provinces du Darlac et du Haut Donaï.

La route de Bienhoa vers la Nui Bara et Budop atteint présentement le km. 87, à 16 km. au Nord d'Anbinh où a été transféré en 1911 le poste de Chon-thanh, et un poste de Garde civile vient d'être installé à Phu-rieng (km. 108) à 40km. de la Nui Bara que l'on peut atteindre facilement par une piste automobilable en saison sèche.

Au Sud, une route de 30 km., partant du Nui Chua-chan et atteignant Vo-dat, dans les steppes de la Lagna, vient d'être achevée cette année.

Le moment paraît venu de consacrer officiellement les résultats obtenus et donner au Chef de la province de Bienhoa les moyens d'exercer une action lente mais continue sur les dernières bastilles que constituent ces territoires indépendants, en partant des derniers points atteints, particulièrement favorables à des opérations de reconnaissance et d'occupation pacifiques du secteur central.

L'action envisagée serait naturellement toute de mesure et de prudence à l'égard des tribus Stiengs à l'Ouest, au Nord et au Centre, Bolos au Sud, Cho ma et Chau sré à l'Est, sur lesquelles nous n'avons que des données fort imprécises. Assez nombreuses aux alentours de la Nui Bara et dans les vallées du Haut Dak Glun et du Haut Donaï, très clairsemées dans le Sud, d'après les renseignements tirés des missions Maître et Patté et ceux fournis par les rares marchands annamites ou « Cac-lai » qui ont parcouru le pays, ne reconnaissant en général d'autre chef que celui de leur village, les populations de ces tribus ou « sôc » paraissent avoir conservé, tant au physique qu'au moral, les qualités natives et les défauts inhérents à ces qualités du primitif des races fortes.

Libres de toute contrainte et n'entretenant avec leurs voisins que le minimum de rapports commerciaux, ces populations seront cependant assez facilement gagnées à notre influence.

Des demandes d'interventions nous seront adressées dès que nous circulerons dans le pays, l'occasion des razzias ou rapts qui se produisent souvent de tribus à tribus et à l'issue desquelles les parties qui succomberont ou se prétendront lésées viendront réclamer notre protection ainsi que nous en avons été sollicités à diverses reprises dans les régions d'An-binh et de Vo-dat.

Des considérations d'ordre à la fois politique et économique nous engagent à entreprendre d'urgence la soumission de ces territoires.

En premier lieu, il y aurait une anomalie inexplicable à laisser substituer, entre des pays organisés et ouverts à la colonisation depuis de nombreuses années, une zone considérable entièrement indépendante et impénétrée, à laisser les tribus qui nous sont soumises et les entreprises agricoles qui sont installées dans le pays, exposées à des actes de piraterie de la part de bandes venues de l'intérieur.

Les points reconnus dans cette région permettent d'affirmer que la bande de terre rouge qui part de la côte de Baria et traverse toute la Cochinchine orientale sur une largeur de 30 à 60 kilomètres, occupe une notable superficie de la zone insoumise.

Déjà la colonisation européenne, à la recherche de nouveaux champs nécessaires à son activité, s'intéresse au développement des routes de pénétration et dessine un sérieux mouvement d'expansion dans la région de terre rouge.

De nouvelles étendues de terrains s'ouvriront à l'hévéaculture et aux cultures riches lorsque le projet de route du Moyen Donaï au Moyen Sông-Bé aura été réalisé et il est à présumer que la colonisation trouvera sur place une main-d'œuvre analogue à celle de Djiring, excellente pour les premiers travaux de défrichement des routes et des concessions.

Il importe donc de faire entrer la population de ces régions, par des moyens de contrainte éminemment pacifiques, dans un cadre administratif en rapport avec le développement économique du pays et de l'amener à participer à notre œuvre d'expansion coloniale, tout en la protégeant et en empêchant sa dépossession complète.

Pour mener à bien cette entreprise de soumission et d'organisation des plus intéressantes, sinon des plus aissées, j'estime qu'il est nécessaire :

1° De transformer la Circonscription de Chua-chan en délégation régulière et d'en transférer le siège à Vo-dat ;

2° De créer une seconde délégation à Phu-rieng ;

3° D'installer un poste de surveillance et de pénétration à Thanh-son sur le Donaï.

Police

Le rapide développement de la Cochinchine, l'enrichissement remarquable de certaines régions encore insuffisamment organisées, avait eu pour conséquence une augmentation considérable du nombre des actes de banditisme.

Dans les provinces situées au long de la frontière cambodgienne, dans celles qui voisinent le pays moï, sur les rivages de la mer, auprès des grands centres et dans les régions de colonisation récente, l'audace des malfaiteurs avait grandi au cours de ces dernières années.

Grâce à l'action efficace des parquets et des autorités administratives, au dévouement de nos agents, dont certains payèrent de leur vie le zèle qu'ils apportaient à la défense de l'ordre, la criminalité marqua à partir de 1921 une notable régression.

Mais il importait de compléter les mesures de circonstances qui furent prises par la création d'organismes permanents capables d'agir avec efficacité et continuité.

Deux décisions également heureuses et qui n'ont pas attendu pour porter leurs fruits ont été adoptées. La première créait des brigades mobiles de la Sûreté, l'autre organisait la police communale ; la première étendait sur les provinces un réseau de surveillance et de recherche, la deuxième introduisait dans les villages des postes d'hommes armés à la disposition des autorités communales.

Ces organismes, qui viennent de naître, sont certes encore incomplets et ils devront être développés et perfectionnés, mais tels qu'ils sont déjà, ils ont apporté à la population une sécurité qui va en s'affirmant de plus en plus.

Ces réformes ont été complétées par l'organisation du Commissariat spécial du Port et la création, en 1924, du Laboratoire d'Identité judiciaire, qui, par les archives qu'il possède et les recherches auxquelles il procède, a fortement contribué à la répression des crimes.

Les résultats obtenus sont dès maintenant encourageants, non seulement la répression a été efficace, mais encore et surtout la prévention s'est exercée d'une façon qu'il importe de faire ressortir. Le nombre de vols qualifiés qui a été de 1.120 pour la période du 1er juillet 1920 au 30 juin 1921 est tombé à 450 pour la période correspondante de 1924-1925.

Mais qu'il s'agisse, Messieurs, de réprimer le brigandage ou d'organiser une prudente absorption des éléments de race primitive, ces mesures d'intérêt public exigent des sacrifices pécunières dont l'importance ne saurait dépasser l'étroite limite de nos disponibilités budgétaires.

Situation financière

Le système fiscal et financier de la Colonie aboutit à cette conséquence paradoxale que plus est rapide son développement et plus s'affirme sa richesse, plus s'accentue le déséquilibre entre ses ressources et ses besoins. Alimenté presque exclusivement par des taxes directes, le Budget local ne subit que tardivement et de loin la répercussion de l'enrichissement du pays, et cependant les progrès réalisés créent continuellement des besoins nouveaux sans cesse croissants.

Toutes les recherches, toutes les propositions qui ont été faites depuis 1922 ont abouti à un projet dont la réalisation vient d'être décidée. Son principe essentiel est d'associer les Budgets locaux au Budget général qui, bénéficiant de presque toutes les recettes indirectes, donne une image plus complète de la prospérité du pays.

Désormais le Budget général consent aux Budgets locaux, pour une période de cinq années, une ristourne de 25 % sur les recettes des Douanes, Contributions indirectes, Régies, Enregistement et Postes. Celles-ci sont évaluées pour 1926 à 51 millions de piastres, le quart, soit 12.750.000, sera réparti entre les pays de l'Union dans les proportions suivantes :

Cochinchine	29 %
Tonkin...	28 %
Annam...	25,5 %
Cambodge	14,5 %
Laos.	4 %

En principe, la ristourne ne porte que sur les taxes actuellement existantes ; elle entraîne la suppression des subventions forfaitaires normales ou exceptionnelles ainsi que les ristournes spéciales, telle la ristourne sur le produit de la taxe à la sortie des riz.

Quant à la ventilation des dépenses, contre-partie de cette cession de recettes, elle s'appuie sur ce principe que seules les dépenses d'un caractère essentiellement général et intéressant l'ensemble des pays de l'Union doivent être imputées au Budget général.

En conséquence sont transférés à la charge des Budgets locaux :

1° Les travaux d'entretien inscrits actuellement au Chapitre XXIV du Budget général :

2° Les travaux neufs de routes, ponts, pistes de pénétration, la totalité des travaux de navigation intérieure et d'hydraulique agricole, toutes les constructions de bâtiments, de logements à caractère local ou correspondant à des services entretenus sur les fonds locaux, les dépenses d'entretien, d'amélioration et de l'exploitation des stations ou bâtiments touristiques, les subventions aux grands hôtels et bungalows, une partie du personnel des Travaux publics entretenu jusqu'ici aux frais du Budget général, enfin certaines subventions spéciales.

Cette réforme, qui n'apporte pas dès maintenant une amélioration très sensible à la situation budgétaire de la Cochinchine, a surtout pour effet immédiat de réaliser une décentralisation permettant aux Chefs d'Administration locale de contrôler plus sûrement et sur place l'exécution des grands travaux qui, jusqu'à ce jour, ne dépendaient que des Services généraux installés à Hanoi. Elle augmentera, en outre, les prérogatives du Conseil Colonial appelé à délibérer sur de nombreuses dépenses qui étaient votées par le seul Conseil de Gouvernement.

Pour le Budget de 1926 de la Cochinchine, les modifications apportées au régime financier auront les conséquences suivantes :

Augmentations :

Ristourne du Budget général.	3.697.500 $ 00
Enseignement secondaire mis à la charge du Budget général.	172.311 00
Personnel détaché en France (Solde imputée au Budget général)...	3.938 00
Total.	3.873.749 $ 00

Diminutions :

Subvention ordinaire...	356.610 $ 00
Ristourne sur les droits de sortie des riz et dérivés	265.000 00
Justice (Tribunaux de 1re instance).	732.000 00
Subvention á divers...	10.000 00
Travaux publics.	2.319.460 00
Total...	3.683.070 $ 00

Les ressources propres de la Cochinchine, déduction faite des charges nouvelles qui lui sont imposées, ne se trouvent ainsi augmentées que de 190.000 piastres environ.

Aussi le Budget qui est soumis à votre examen n'a-t-il pu être mis en équilibre que grâce à un prélèvement de 686.000 piastres opéré sur la Caisse de Réserve. Or, il nous faudrait de toute nécessité renoncer à une méthode contraire à toutes les règles d'une bonne gestion, et qui, d'autre part, ne pourra être maintenue longtemps encore, la Caisse de Réserve étant presque épuisée. Il sera donc nécessaire d'envisager dans un délai qui n'est pas très éloigné, des réformes et des remaniements qui donneront au Budget l'élasticité qu'il ne possède pas. Cependant il est à espérer que la ristourne faite par le Budget général marquera une progression rapide, les recettes de ce Budget qui dépendent étroitement de la prospérité du pays n'ont, en effet, cessé de croître. Il suffit, pour s'en rendre compte, de suivre la rapide ascension du Budget général qui est passé de 41.235.000 piastres en 1915 à 76.466.400 piastres en 1925.

Etabli en tenant compte des décisions prises et calculé sur la base de 10 francs la piastre, au lieu de 8 francs en 1925, le projet de Budget de l'exercice 1926 s'équilibre en recettes et en dépenses à la somme de 16.932.217 piastres se décomposant ainsi :

Recettes et dépenses ordinaires...............	16.246.142 $ 00
Recettes et dépenses extraordinaires..........	686.075 $ 00

Comparé au Budget de 1925, le projet présent accuse une augmentation de 2.852.367 piastres due presque entièrement à l'incorporation des nouvelles recettes et dépenses provenant du Budget général.

Ce chiffre ne comprend pas toutefois l'accroissement réel des dépenses par rapport au budget de 1925, car si on adoptait le taux budgétaire de l'exercice en cours, on se trouverait en présence d'une augmentation supplémentaire de dépenses de 275.552 piastres correspondant au bénéfice réalisé sur le change.

Les prévisions de recettes ont été évaluées avec toute la précision et la sincérité désirables, ainsi que l'établit la note préliminaire qui figure en tête du Budget.

A la section des recettes extraordinaires, un prélèvement exceptionnel de 686.075 piastres sur les fonds de réserve a été inscrit en contre-partie exacte des dépenses extraordinaires qui, en dehors d'une subvention de 440.000 piastres accordée à la Ville de Saigon, se réduisent à 246.075 piastres de travaux et études dont 182.375 piastres au titre « Achat de terrain militaire ».

En ce qui concerne les dépenses, je me suis efforcé à n'inscrire que les crédits absolument indispensables pour assurer la marche normale des Services publics, afin de pouvoir affecter aux Services d'intérêt économique et social le maximum de dotation compatible avec les ressources budgétaires.

Les crédits ordinaires afférents aux dépenses d'intérêt économique s'élèvent à 6.921.971 piastres dont 5.122.814 piastres pour les Travaux Publics (non compris le personnel), ceux concernant les Services d'intérêt social atteignent 2.736.894 piastres.

Le programme de travaux neufs à effectuer sur les fonds du Budget local de 1926 sera réalisé presque entièrement à l'aide des crédits du Budget ordinaire. La situation se présente donc d'une façon assez favorable.

Cependant en raison de l'incertitude des résultats que donnera effectivement la réforme réalisée, je n'ai pas cru devoir reprendre à la charge de l'Administration locale les dépenses de Garde civile (300.000 $ 00) et de la moitié de la solde du personnel indigène du cadre local en service dans les provinces (143.000 $ 00) mises au compte de budgets régionaux.

Mais il ne faut pas perdre de vue que le Bubget local prévoit l'attribution aux provinces pauvres de subventions s'élevant au total à 187.500 piastres.

Quant aux dépenses extraordinaires, j'ai déjà mentionné qu'elles seraient entièrement couvertes à l'aide d'un prélèvement de 686.075 piastres sur la Caisse de Réserve, dont le numéraire disponible, défalcation faite du minimum réglementaire de 150.000 piastres, était de 538.085 $ 44 après le versement du reliquat de l'exercice 1924. Il a été porté à 846.085 $ 44 par un reversement au fonds de réserve de 308.000 piastres de crédits extraordinaires du Budget de 1925 qui ne pourront pas être utilisés au cours de l'exercice.

En résumé, le Budget de 1926 a pu être équilibré plus aisément que le précédent et sans qu'il ait été besoin de recourir à de nouveaux impôts ou à l'accroissement des taxes existantes. Je dois noter toutefois que l'Administration locale propose au Conseil Colonial, en ce qui concerne l'impôt foncier des terrains à caoutchouc, le retour à l'ancien régime qui avait dû être adouci pendant la période de crise qui a suivi la guerre mondiale. Il doit résulter de cette mesure une augmentation de recettes évaluée à 30.000 piastres dont il a été tenu compte dans les prévisions budgétaires.

Il est permis d'espérer que l'exécution du budget qui sera serrée d'aussi près que possible et surveillée attentivement, ne donnera aucun mécompte, malgré la charge supplémentaire qu'il aura encore à supporter comme conséquence des avancements relativement nombreux accordés au personnel européen des différents Services, en vertu de l'article 7 de la Loi du 1er avril 1923 et des dépenses provenant des expropriations de terrains nécessaires à l'établissement du Canal de Dédoublement qui, sans doute, resteront à la charge de la Cochinchine. Aussi, pour parer à toute éventualité, le crédit affecté aux dépenses imprévues a été portée à 150.016 piastres contre 11.553 piastres en 1925. Par ailleurs, on pourra encore disposer sur les fonds de réserve et de prévoyance d'une somme de 160.010 piastres.

Budgets provinciaux et communaux

Je ne veux pas terminer cet exposé de la situation financière sans vous dire un mot des budgets provinciaux et communaux.

Au cours de l'exercice 1921, les budgets provinciaux de Cochinchine présentaient dans leur ensemble une masse budgétaire de 5.599.489 \$ 87, sur laquelle 1.315.527 \$ 41, soit 23,50 % étaient affectées aux dépenses d'administration y compris la police provinciale ; 1.260.273 $ 53, soit 22,62 °/₀ aux dépenses d'intérêt social, enseignement et assistance ; 2.308.716 $ 23, soit 41,22 °/₀ aux dépenses d'intérêt économique.

Depuis 1922, l'effort financier des provinces se trouve représenté pour les quatre exercices 1922, 1923, 1924, 1925 par une masse budgétaire qui s'élève à 25.144.813 $ 47 dont 26 °/₀, soit 6.535.684 $ 57 furent affectées aux dépenses d'administration, y compris les dépenses de police ; 19 °/₀, soit 4.827.020 $ 21 affectées aux dépenses d'intérêt social, enseignement et assistance ; 47 °/₀, soit 12.034.795 $ 40 affectées aux dépenses d'intérêt économique, travaux.

La différence, 8 °/₀ environ, soit 1.747.313 $ 29, représente l'ensemble des reliquats successifs des divers exercices, comprenant les fonds de réserve qui ont été obligatoirement reportés d'exercice en exercice, et les crédits reportés par suite de la non-exécution de certains travaux et qui n'entrent pas par conséquent dans le pourcentage des dépenses d'intérêt économique.

En ce qui concerne les budgets communaux, le montant total des prévisions en recettes et dépenses était de 6.626.586 $ 34 en 1921.

Pendant la dernière période quadriennale écoulée (1922-1925 inclus), les communes ont disposé de 7.388.578 $ 23 en 1922, 8.015.527 $ 54 en 1923, 8.251.574 $ 03 en 1924, et de 8.987.823 $ 48 en 1925, ce qui forme une masse budgétaire de 32.643.503 $ 28 sur laquelle 27 °/₀, soit 8.949.231 $ 61 ont été affectées aux travaux ; 19 °/₀, soit 3.747.169 $ 25 aux dépenses d'intérêt social ; 62 °/₀, soit 20.247.102 $ 42 aux dépenses d'administration et de police.

D'heureuses modifications sont intervenues depuis 1922 dans l'administration des budgets provinciaux et communaux.

Elles peuvent se résumer de la façon suivante :

Pour les budgets provinciaux. — 1° Etude et mise au point d'une nouvelle réglementation dont l'élaboration n'a pas demandé moins de quatre années et qui vient d'aboutir à un nouveau règlement approuvé en Conseil privé le 11 juin 1925.

2° Liquidation de toutes les exploitations électriques dans l'Ouest Cochinchinois, et préparation d'un nouveau projet d'électrification de la même région, projet conçu dans un ensemble beaucoup plus vaste qui permettra l'utilisation des usines actuellement existantes, et leur exploitation dans de meilleures conditions.

3° Acquisition et utilisation de petites dragues pour creusement de canaux tertiaires dans les provinces où la nécessité ne se fait pas sentir, de creuser des canaux à grande section.

4° Réorganisation du Corps de secrétaires provinciaux, admis au bénéfice de la retraite.

Pour les budgets communaux. — 1° Surveillance plus étroite des ressources des villages, par suite de l'application de l'arrêté du 3 octobre 1921, réglementant la comptabilité des communes de Cochinchine.

2° Création d'un Corps de police communale.

3° Amélioration du mode d'affermage des biens communaux, qui s'est traduite par une augmentation considérable de recettes pour les budgets intéressés.

4° Travaux communaux exécutés sous la surveillance plus directe des Chefs de provinces, et au besoin incorporation desdits travaux parmi ceux des budgets provinciaux à charge de remboursement par les villages intéressés.

Les réalisations

L'examen de notre situation budgétaire pour 1926 vous a montré, Messieurs, dans quelles strictes limites sera resserrée notre action ; mais vous avez cependant pu apprécier que toutes nos ressources seront affectées à la continuation du programme auquel vous avez bien voulu depuis quatre ans continuer votre confiante approbation.

C'est sur l'exécution même de ce programme, sur les réalisations obtenues grâce au si précieux réconfort de votre constant appui, qu'il me paraît nécessaire de m'arrêter aujourd'hui, au seuil de cette année 1926 qui verra votre Conseil renouvelé et un nouveau Chef présider aux magnifiques destinées de la Colonie.

Et vous ne trouverez sans doute pas surprenant qu'après avoir dirigé en Indochine l'important Service de l'Instruction publique, j'aie tenu comme Gouverneur à donner la première place dans mes préoccupations, aux questions, essentielles à mon avis, de l'instruction du peuple indigène et que j'ouvre par le chapitre de l'enseignement cette rapide revue des réalisations poursuivies.

A. — Enseignement

La constitution complète du cycle des études secondaires par l'ouverture en septembre 1924 de la classe de philosophie au Collège Chasseloup-Laubat permet maintenant aux jeunes Annamites de Cochinchine d'achever sur place leur préparation au baccalauréat français complet, sans être obligé, comme auparavant, de se rendre au Tonkin ou en France. De même ne sont-ils plus tenus de faire le voyage de Hanoï pour y subir les épreuves orales du baccalauréat, depuis que la totalité des épreuves peut être subie à Saigon même, innovation qui date de cette année et que les familles, tant annamites que françaises, ont vivement apprécié.

Mais il ne s'agit là, Messieurs, que des sanctions de l'enseignement secondaire français, vers lesquels se dirige un courant indigène qui grossit sans doute chaque année, mais qui n'intéressent pas directement la masse de la population. Le baccalauréat français est surtout recherché par les fils des propriétaires riches, capables d'assurer à leurs enfants les très importants subsides que nécessite en France l'assiduité aux cours des Facultés en vue de la préparation des diplômes d'enseignement supérieur. C'est une ambition qu'il n'est pas donné à tous de pouvoir satisfaire et s'il est possible sans doute au budget d'octroyer des bourses spéciales à certains élèves pauvres particulièrement remarquables, la limite des disponibilités est vite atteinte. Au surplus, nombre de familles redoutent avec raison les risques d'une complète independance, pour des jeunes gens subitement transplantés dans un monde nouveau, et qui ne trouvent pas toujours dans leurs volontés défaillantes, l'énergie de résister à des tentations malsaines. La grande majorité des étudiants annamites, celle qui vient s'asseoir de plus en plus nombreuse sur les bancs des écoles de l'Université Indochinoise, dont le niveau d'études se relève d'année en année, poursuit de préférence la possession du diplôme d'études primaires supérieures, qui lui ouvre accès, d'une part, à l'enseignement secondaire local, pépinière future des écoles supérieures de Hanoi, d'autre part, aux différentes fonctions administratives des cadres subalternes.

Or, il importait, Messieurs, et vous vous souvenez des nombreuses doléances de la population à ce sujet, d'ouvrir plus larges aux certifiés primaires les portes de cet enseignement supérieur, qui fournit à l'Administration d'abord ses plus précieux collaborateurs, au commerce, à l'agriculture ensuite des auxiliaires bien préparés à la spécialisation ultérieure de leur profession. Le Collège Chasseloup-Laubat, pendant trop longtemps, fut le seul établissement ouvert aux certifiés : l'éxiguité de ses locaux, sans possibilité d'extension, nous obligeait à refuser 70 °/₀ des candidats. La création du Collège de Mytho et l'achèvement tout récent de son organisation avec l'ouverture d'une quatrième année de cours, permettent aux élèves des provinces du centre munis du certificat d'études primaires élementaires, de poursuivre désormais leurs études, sans trop s'éloigner de leurs familles. En septembre 1924, le Collège primaire supérieur de Cantho s'ouvrait : les quatre années complètes ont commencé de fonctionner en septembre 1925 et les familles des provinces de l'Ouest évitent les longs déplacements et les frais élevés qu'entraînaient les voyages à Saigon. Nous avons donc, dès maintenant, en Cochinchine trois grands établissements d'enseignement primaire supérieur, pourvus du personnel nécessaire pour assurer le cycle complet de cet enseignement.

Le Collège Chasseloup-Laubat, qui figure encore parmi ces trois grandes écoles, nous a de longue date paru trop exigu pour que puissent y cohabiter des enseignements d'un caractère différent, gênés et paralysés dans leur extension par l'insuffisance des locaux et la difficulté consécutive de la surveillance indispensable. C'est pourquoi, Messieurs, depuis trois ans, nous avons lutté pour obtenir (et le succès vient enfin de récompenser nos efforts) la création d'un grand établissement franco-indigène dont la construction est déjà commencée. Ce nouveau Collège pourra recevoir 500 pensionnaires et 500 externes : les provinces de l'Est et la grande agglomération Saigon-Cholon auront enfin satisfaction. Ainsi l'enseignement secondaire français retrouvera toutes ses aises à Chasseloup-Laubat et les cours d'enseignement primaire supérieur pourront enfin accueillir tous les certifiés d'études primaires dont le nombre croissant suffit à démontrer toute la faveur dont jouit notre système scolaire auprès de la masse indigène.

Pour satisfaire aux vœux pressants de cette masse, les écoles se sont multipliées dans l'intérieur; mais une grande tâche s'impose qui n'est réalisable que par l'effort constamment poursuivi, c'est la formation pour ces écoles de maîtres qualifiés et en nombre suffisant. D'où l'obligation, à laquelle nous avons donné tous nos soins, de développer l'Ecole Normale de Saigon où se forment les maîtres de notre enseignement primaire. Depuis septembre dernier, grâce à l'achèvement des locaux, l'effectif de l'Ecole atteint 400 pensionnaires et à partir de 1927 l'Ecole pourra régulièrement fournir des promotions de sortie de cent instituteurs. A partir de 1927 se tarira naturellement le recrutement des instituteurs auxiliaires pourvus du seul certificat d'études et dont la bonne volonté suppléait assez mal à une préparation obligatoirement insuffisante. Nous n'aurons donc plus, à partir de 1927, même dans les écoles élémentaires, que des maîtres bien préparés aux lourds devoirs de leurs fonctions.

En attendant la promotion de 1927 et pour améliorer dans la mesure du possible le personnel existant, j'ai institué, dès la dernière année scolaire, des cours de perfectionnement pédagogique qui ont été suivis, pendant le mois d'août, dans les trois centres de Saigon, Mytho et Cantho, par 300 instituteurs auxiliaires.

En même temps que nous y poursuivions leur perfectionnement au point de vue professionnel, nous leur avons donné aussi une formation de moniteurs d'éducation physique. De plus, des médecins auxiliaires leur ont fait des conférences d'hygiène et de médecine élémentaire, afin que, dans chaque village, l'instituteur puisse être un bon conseiller en ces matières. A chacun d'entre eux a été remis un exemplaire du manuel d'hygiène rédigé en quoc-ngu par le Dr Sarramon. Ces cours de vacances seront repris les années suivantes jusqu'à ce que tous les instituteurs auxiliaires les aient suivis au moins une fois. J'étudie la possibilité d'organiser, dans chaque école, un dépôt de quinine et des médicaments les plus usuels. Je désire associer, de plus en plus, le personnel enseignant à l'œuvre de médecine sociale entreprise dans ce pays.

Ces précisions sont, n'est-ce pas, Messieurs, la meilleure réponse que nous puissions faire aux dénigreurs systématiques de l'effort français en Cochinchine.

Enseignement primaire. — L'enseignement primaire est le plus important de tous, non seulement parce qu'il est le seul que reçoivent la plupart des enfants, mais aussi et surtout parce qu'il est la base de tout l'édifice universitaire. Je viens de vous dire ce qu'a fait l'Administration pour avoir des instituteurs qui méritent vraiment ce nom. Je dois vous rendre compte maintenant de ce qu'elle a fait pour augmenter le nombre des écoles. Là encore les chiffres sont plus éloquents que les phrases: pendant l'année scolaire 1924-1925, nous avons ouvert 105 écoles nouvelles. Je ne veux affaiblir par aucun commentaire le sens et la valeur de ces chiffres.

J'attire votre attention, Messieurs, sur ce fait que l'examen du Budget local ne peut vous donner qu'une faible idée de l'effort accompli par tous en Cochinchine, pour étendre l'emprise de l'école. En effet, sur les 2.310.014 piastres qu'a coûtées l'Enseignement primaire en Cochinchine pendant l'année 1924, le Budget local, soumis à votre contrôle, n'a payé que 523.524 piastres. Les budgets provinciaux ont, au contraire, contribué pour 816.460 piastres. Et ce sont les budgets communaux qui ont supporté la plus grosse part, puisqu'ils ont payé 970.030 piastres. Ces chiffres témoignent de l'ardent désir des populations indigènes de posséder partout des écoles et des maîtres. Sans doute, ces écoles et ces maîtres ne sont pas encore parfaits. Mais en matière d'enseignement les progrès sont toujours lents. Il faut donner à l'arbre le temps de grandir avant de vouloir le juger à ses fruits. L'avenir prouvera que la France n'a pas failli à son programme d'éducation.

Il me reste, Messieurs, à dissiper un malentendu qui a été exploité contre l'œuvre française par certains esprits malveillants. Il s'agit de la fausse interprétation trop souvent donnée de l'arrêté de M. le Gouverneur Général en date du 18 septembre 1924, relatif à l'usage de la langue indigène comme véhicule de l'enseignement dans les cours élémentaires. On a dit que c'était là une régression. Permettez encore à l'ancien Directeur de l'Instruction publique en Indochine de rappeler que l'arrêté du 21 décembre 1917 disait : « En principe, le véhicule commun de toutes les matières de l'enseignement primaire doit être le français ». Mais il reconnaissait aussitôt qu'il ne serait pas possible, avant longtemps, de doter toutes les écoles de bons maîtres capables de donner leur enseignement dans la langue française. Et il déclarait que l'usage du français n'était pas obligatoire dans les cours élémentaires des écoles rurales. Il n'y a donc aucune contradiction entre l'arrêté du 21 décembre 1917 et l'arrêté du 18 septembre 1924. Et il n'y a aucune régression.

La mesure prise s'explique par des raisons d'ordre pédagogique et par des raisons d'ordre social.

Les raisons d'ordre pédagogique sont les suivantes : D'abord le temps limité de la scolarité des neuf dixièmes des enfants annamites, temps qui ne dépasse pas trois ans, et l'impossibilité d'apprendre en un aussi court délai, par le véhicule d'une langue étrangère aussi difficile que le français, les rudiments indispensables à un paysan et à un ouvrier. Puis le nombre absolument insuffisant des maîtres indigènes sachant assez le français pour enseigner en cette langue. Ensuite, les conséquences désastreuses pour les élèves d'un enseignement qui comportait un horaire trop étendu du français et qui empêchait de réserver à l'étude des diverses parties du programme le temps indispensable. Et, par voie de conséquence, le nombre troublant d'échecs au certificat d'études primaires, du fait de l'insuffisance des connaissances générales constatée chez les candidats et qui provenait du temps trop court consacré à l'enseignement des diverses matières. Enfin et surtout, la rapidité constatée dans toute l'Indochine, avec laquelle l'enfant annamite oublie les rudiments de français qu'il a appris dès qu'il est retourné dans son milieu, d'où il résulte qu'il ne retirerait aucun profit de ses études si celles-ci n'avaient servi à lui faire connaître, en langue annamite, quelques éléments de connaissances usuelles, de science et de morale.

Cette dernière considération touche précisément au côté politique et social de la réforme du 18 septembre 1924. La France poursuit, en Indochine, une œuvre de sincérité et de progrès humain. Proclamer que nous enseignons en français à la masse de la population indigène, alors que nous n'en avons pas les moyens, et alors que l'élève indigène est dans l'impossibilité matérielle d'apprendre, en cette langue et en trois ans, les matières des programmes des premiers cours des écoles primaires, est manquer, à la fois, à la sincérité que nous nous devons à nous-mêmes et à celle que nous devons à nos administrés. C'est aussi élever entre l'enfant indigène et l'acquisition des connaissances dont il a besoin, une barrière infranchissable pour le plus grand nombre, ainsi que le prouvent les résultats des examens et les doléances des intéressés.

Ne dressons pas entre Français et Annamites une cause de malentendu qui pourrait causer un mal irréparable à l'œuvre d'éducation que nous avons entreprise. Laissons à la langue indigène sa place naturelle et nécessaire à l'école élémentaire, pour permettre aux enfants de s'initier sans trop de peine aux rudiments de notre science. A côté de la place légitime laissée à la langue maternelle, faisons une place chaque jour plus grande à l'enseignement du français. C'est ce que l'Administration n'a jamais perdu de vue. Si l'enseignement en français a été interdit dans les cours élémentaires pour des raisons pédagogiques et politiques, l'enseignement du français a été maintenu dans ces mêmes cours. La cause de l'enseignement du français n'a donc subi aucun recul.

L'arrêté du 18 septembre 1924 n'a pas le caractère de régression que des adversaires irréductibles de notre œuvre ont voulu lui donner. Il marque seulement un effort de loyauté envers les Annamites comme envers nous-mêmes. Il marque aussi un effort de clarté et de bon sens, en affirmant la nécessité dans les écoles élémentaires de la méthode bilingue qu'imposent à la fois les circonstances, la logique et le sentiment exact de la haute mission poursuivie en Indochine par la France.

B. — Agriculture

L'importance croissante de notre œuvre scolaire, à tous les degrés de l'enseignement, exige, vous l'avez vu, Messieurs, tant du Budget local que des Budgets provinciaux et communaux, des sacrifices chaque année plus lourds : ce développement des institutions scolaires correspond sans doute aux aspirations pressantes de la masse, mais il risquerait d'imposer au peuple de Cochinchine, si avide de savoir, un fardeau difficilement tolérable, si dans le même temps, et avec un rythme de plus rapide progression, ses capacités contributives ne s'augmentaient pas par un accroissement régulier de la richesse générale. Or, dans un pays essentiellement agricole, c'est à la terre qu'il faut demander l'incessant effort d'une production élargie d'abord, valorisée ensuite. Nous verrons plus loin comment l'Administration réalise la conquête systématique des friches par l'exécution des travaux qui facilitent à la fois l'arrivée des eaux fécondantes, le drainage des marécages croupissants et trop alunés et la circulation tant des récoltes que de la main-d'œuvre. La culture gagne sans cesse de nouvelles terres, mais là n'est pas, tant s'en faut, le seul moyen d'assurer la prospérité future.

A. — Riziculture

Il importe aussi et surtout d'apporter aux méthodes culturales les améliorations qui, pour un même tonnage de production, augmenteront le prix de vente du produit. Et c'est d'abord la riziculture qu'il faut orienter vers les progrès : c'est la routine obstinée du paysan qu'il faut transformer : l'évolution sera lente; mais pour qu'elle s'étende progressivement à tout le pays, il faut généraliser les démonstrations, convaincre par l'œil plus que par le raisonnement, et l'exemple seul des succès obtenus produira cette contagion de persuasion, qui triomphera des anciennes coutumes et réalisera l'enrichissement du propriétaire, au prix d'un effort bien minime au regard de rémunérations certaines.

Devons-nous plus longtemps nous résigner à subir l'effet de cette défaveur qui frappe nos riz de Cochinchine sur les marchés mondiaux ? Le reproche fondé qu'on nous adresse, c'est l'hétérogénéité de nos livraisons, la multiplicité des types de grains qui déprécie les plus belles espèces par le mélange des qualités inférieures. Pour remédier à une situation qui nous place en état de cruelle infériorité à côté de nos concurrents, la standardisation s'impose, mais elle n'est que l'aboutissement d'une longue série d'expériences culturales.

En premier lieu, il faut convaincre l'agriculteur qu'il a intérêt à choisir, pour l'habitat qui leur convient, les espèces à meilleur rendement. Tel fut le but pousuivi par les concours de paddy : instituées depuis 1923, ces manifestations ont définitivement conquis la faveur des agriculteurs : elles leur ont démontré que, parmi les variétés de paddy cultivés sur un même sol, dans les mêmes conditions d'irrigation, il en est certains qui se recommandent par leur homogénéité, et cette homogénéité conditionne le meilleur rendement en poids : une sélection doit être opérée entre les espèces, et les échantillons mêmes d'une même espèce doivent faire l'objet d'un triage minutieux pour le choix des graines destinées aux semences. La conséquence immédiate des concours qui fonctionnent annuellement, aussitôt après la récolte dans chaque province, fut la diffusion rapide des variétés primées dans leur habitat d'origine, au détriment de qualités inférieures dont le mélange avec les belles variétés provoquent une dépréciation lamentable du produit vendu. Dans la seule province de Bentre, qui produit le plus beau riz rond de Cochinchine, les lauréats du concours de 1925 ont vendu à leurs voisins

74 tonnes de semences, soit de quoi ensemencer près de 3.000 hectares. Les demandes dépassèrent de beaucoup l'importance des stocks disponibles.

Pour compléter l'efficience des concours et pour élargir les zones de diffusion des semences d'élite, l'Administration a multiplié les champs d'essai, où sont cultivés après une nouvelle sélection des lots importants de semences d'élite. En 1922, la Station rizicole de Cantho et le jardin du Laboratoire de Génétique étaient seuls à même de distribuer quelques maigres échantillons de semences. Aujourd'hui sept autres stations sont en plein fonctionnement et fournissent des semences adaptées aux conditions de sol des régions de Gocong, Cailay, Travinh, Vinhlong, Longxuyen, Soctrang et Baclieu. De 50 tonnes en 1922 la production de bonnes semences, minutieusement contrôlées par les Services agricoles, s'est élevée à 470 tonnes.

Parallèment à l'œuvre poursuivie par ces stations d'essais, les initiatives individuelles se développent, encouragées et conseillées par les agents des Services agricoles détachés dans ces stations. De nombreux particuliers pratiquent eux-mêmes le triage de leurs semences soit à la main, soit à l'aide des appareils Marot dont trente ont été répartis dans les principaux centres, pour être mis à la disposition des riziculteurs. A Bentre 192 propriétaires ont fait trier 10 tonnes de grains ; à Cholon près de 8 tonnes ont été triées pour 344 cultivateurs ; à Gocong, 3 T. 800 pour 75 propriétaires ou fermiers. Bref, on peut évaluer à un millier le nombre des cultivateurs de Cochinchine qui ont fait trier leurs semences pour la campagne rizicole 1925-26. Il y a là, Messieurs, la preuve certaine que le paysan comprend tous les avantages de la sélection et le symptôme le plus rassurant pour l'avenir de la riziculture cochinchinoise, si la persévérance des efforts que nous avons de concert dévoués à cette œuvre de régénération de nos grains n'est pas ruinée par l'indifférence de nos successeurs.

Mais l'Administration a voulu faire plus et pour l'usage des gros propriétaires qui veulent distribuer à leurs nombreux fermiers des semences sélectionnées, deux usines de triage à grand rendement ont été construites l'une à Mytho, l'autre à

Cantho. Celle de Mytho, achevée un peu trop tard pour cette campagne, a trié 30 tonnes de semences. La deuxième usine est en voie d'achèvement à Cantho. Elle desservira l'Ouest rizicole à la prochaine campagne. Il est à présumer qu'elle aura un travail important dans cette région où les propriétés de plusieurs centaines d'hectares d'un seul tenant existent en grand nombre.

Le perfectionnement de l'agriculture est, dans tous les pays, une question de persévérance. En Cochinchine, plus que partout ailleurs, une grande patience est nécessaire pour marquer quelques résultats. Mais ceux-ci, une fois établis, progresseront rapidement et seront d'une conséquence financière telle que les efforts déployés pour y arriver sembleront légers à tous. Sait-on que, pour une plus-value minime, 5 francs par quintal par exemple, la Cochinchine ferait une recette supplémentaire de 60 millions de francs sur les 1.200.000 tonnes de paddys et riz qu'elle exporte en moyenne chaque année. La Cochinchine a donc un intérêt vital à fournir un riz qui donne toute satisfaction aux différents marchés d'exportation.

Laboratoire de Génétique.— En dehors des mesures d'ordre général destinées à atteindre la masse agricole, le Gouvernement fait étudier, par le Laboratoire de Génétique, une à une, les variétés locales de riz. Cet établissement s'occupe aussi de l'introduction et de l'acclimatement des meilleures variétés des pays voisins, Java, Indes, Philippines. Les riz étrangers ne donnant en Cochinchine qu'un rendement très faible, des croisements ont été entrepris avec des variétés locales choisies parmi les plus productives. L'hybridation, suivie de la sélection, a permis de fixer quelques types de haute qualité. On peut donc fonder sur l'hybridation de grands espoirs pour l'amélioration de la production locale.

Le Laboratoire de Génétique poursuit activement la sélection par lignées pures. Celles déjà obtenues, au nombre de 17, ont fait preuve d'une grande stabilité dans le rendement : 123 gia à l'hectare ou 2.952 kg. en 1922 ; 128 gia à l'hectare ou 3.072 kg. en 1925.

Motoculture

Station de Càu-an-ha. — Les améliorations apportées aux rizières en exploitation ne font pas oublier qu'à côté des 2.000.000 hectares en plein rapport, d'immenses surfaces sont en friche qui pourraient être cultivées à leur tour moyennant un aménagement approprié. C'est le cas de la vaste Plaine des Joncs, où, sur une parcelle de 1.500 hectares, dans la région de Cau-an-ha, les Services agricoles ont installé une station expérimentale. Concurremment avec des essais de motoculture, on y entreprend l'aménagement des terres nouvelles par l'établissement de digues de protection contre les inondations et le creusement de canaux pour l'évacuation des eaux alunées. Les travaux commencés en 1922 ont donné lieu à quelques constatations intéressantes. Le désalunage des terres et des eaux se fait progressivement, et ce désalunage est d'autant plus rapide que les labours ont été plus nombreux. Le labour rend les sels nocifs plus mobiles, ce qui facilite leur entraînement par les eaux. Le désalunage des terres est donc possible par le travail du sol, le drainage des eaux, le chaulage. Les résultats sont lents, il est vrai, mais ils permettent de ne pas délaisser indéfiniment une immense surface. Riz, canne à sucre et cocotiers poussent actuellement à Cau-an-ha. Et les propriétaires des environs de la station ont commencé l'aménagement de leurs terres sur le modèle tracé par les Services agricoles.

Le labour mécanique revient de moins en moins cher, au fur et à mesure de l'avancement des travaux d'aménagement. Néanmoins, le maniement des appareils de motoculture est difficile en terrain de rizière, et c'est surtout dans les plantations d'hévéas que ce matériel peut rendre de grands services.

Hévéas

Comme pour le riz, j'estime que nous devons avoir en Cochinchine une politique de caoutchouc. L'hévéaculture traverse maintenant une brillante période et nos planteurs reçoivent aujourd'hui la juste récompense de leurs persévérants efforts.

Le cours très rémunérateur du caoutchouc doit déterminer une extension importante des plantations. Le recensement de 1922 a donné 32.291 hectares et 8.121.850 arbres ; celui de 1924 34.773 hectares et 8.441.450 arbres, soit une augmentation de 2.482 hectares en deux ans. L'exportation est passée de 4.544 tonnes en 1922 à 5.900 tonnes en 1924 et en 1925 notre exportation atteindra huit mille tonnes.

L'Administration a décidé de vendre désormais aux enchères publiques tous les terrains propres à l'hévéaculture. Il demeure entendu que, de son côté, elle devra faciliter les hévéaculteurs par la création de routes et par la pacification des régions moïs qui donneront à la colonisation de nouvelles terres.

Canne à sucre

La canne à sucre est également en progression marquée : 6.721 hectares en 1922, plus de 8.000 hectares en 1925. Les colons s'intéressent de plus en plus à cette culture qui est une des plus rémunératrices. Les Services agricoles possèdent une collection très complète de cannes et mettent à la disposition des planteurs des boutures des meilleures variétés indigènes ou importées. Quelques espèces introduites de Java ont donné des résultats remarquables.

Cotonnier

Au cours de ces dernières années, les besoins constamment croissants de l'industrie textile dans la Métropole aussi bien que dans tous les pays de grande filature ont déterminé une telle hausse de la fibre de coton que la culture de la plante généralement abandonnée par les indigènes comme peu rémunératrice, redevient des plus intéressantes pour la Colonie, à tous les points de vue.

Cette situation nouvelle n'a pas échappé à l'attention du Gouvernement local. En conséquence et dans le double but de stimuler ou d'encourager les producteurs d'une part, et, d'autre part, de réunir une documentation aussi complète que possible sur les possibilités actuelles de cette culture, un arrêté en date du 4 janvier dernier a institué un concours de culture cotonnière du 1er avril 1925 au 1er mars 1926, dans des conditions suffisamment intéressantes pour le producteur.

La liste des demandes de participation au concours reçues jusqu'au 30 juin dernier, date fixée pour la clôture des inscriptions, dépasse le chiffre maximum de 50 prévu par l'arrêté précité. Ces demandes proviennent de presque toutes les provinces de la Colonie.

Des semences des meilleures espèces ont été distribuées par les soins des Services agricoles aux cultivateurs qui en ont fait la demande.

Il n'y a donc plus qu'à attendre le résultat des cultures entreprises, les récoltes devant s'échelonner de décembre à mars prochain environ suivant les régions et époques de semence.

La généralité des expériences en cours porte sur des cultures entreprises en saison des pluies pour une récolte en saison sèche.

Or les pays grands producteurs cultivent le coton en saison sèche, avec irrigation.

Il apparaîtrait donc également très intéressant, pour compléter la documentation de la Colonie, en la matière, de procéder à une expérience méthodique de culture cotonnière irriguée sur des terrains judicieusement choisis, de novembre à avril.

Cette question n'est pas perdue de vue par le Gouvernement local.

Sériciculture

Un effort spécial a été déployé en vue de remettre la sériciculture en faveur auprès des indigènes. Il convient moins de pousser à la création de grosses plantations de mûrier pour lesquelles il serait difficile de trouver de la main-d'œuvre, que de préconiser la culture familiale qui occuperait utilement femmes et enfants. Quelques mesures bienveillantes ont été adoptées au profit des sériciculteurs.

Les arrêtés du 21 mars 1913 et 12 décembre 1923 exemptent de l'impôt foncier pendant 10 ans les terrains d'une superficie au moins égale à 10 ares affectés à la culture de mûrier.

Les Services agricoles ont progressivement accru leurs distributions gratuites de boutures de mûrier aux sériciculteurs européens et indigènes.

L'exonération d'impôt foncier et les cessions administratives de boutures de mûrier ont contribué efficacement à la conservation des cultures de mûrier anciennes et à la création de nouvelles, bases fondamentales de toute la sériciculture.

Au cours de 1923-1924, de nombreuses magnaneries-modèles ont été créées, qui ne tardèrent pas à justifier leur utilité première. La production des cocons dans les établissements des Services agricoles oscillait autour d'une tonne de 1921 à 1923. Elle dépasse trois tonnes en 1924.

Aujourd'hui, la Cochinchine possède neuf magnaneries-modèles et la magnanerie expérimentale de Saigon où se poursuivent les essais d'élevage des races de vers à soie étrangères au pays et de croisement divers. Une magnanerie est en voie de construction à Travinh. Une autre, enfin, est projetée à Vinh-chau (Baclieu).

Parallèlement à la création et à l'aménagement méthodique des magnaneries-modèles, les Services agricoles ont, en 1924, réorganisé les grainages de Tan-chau et de Saigon et innové des méthodes nouvelles de sélection. Tout un personnel technique indigène a été formé. La production considérablement accrue des cocons a permis une sélection beaucoup plus rigoureuse. Le grainage de reproduction fournit aux magnaneries-modèles des pontes de choix en vue de l'amélioration de la race de vers à soie locale. Le grainage industriel produit les pontes distribuées gratuitement aux magnaniers annamites.

La pratique d'une sélection sévère a eu pour conséquence dans les magnaneries-modèles une élévation notable du rendement moyen en cocons par 100 pontes, qui est actuellement de 21 k. 685 avec des rendements exceptionnels de 28 k. 431 et même 30 k. et 34 k. 956.

L'amélioration de la qualité des cocons (diminution du nombre au kilo et augmentation de la richesse soyeuse) acquise dans les magnaneries des Services agricoles, en 1924, passe progressivement dans la pratique des élevages indigènes. La recherche soyeuse moyenne des cocons achetés (tout venant) était de 0.088 en 1924. Elle est de 0.100 à fin d'août 1925.

Les distributions de pontes de vers à soie sélectionnées par les grainages officiels s'accroissent chaque année. Elles étaient de 253.961 pontes en 1921. Elles sont de 432.842 en 1922, de 491.117 en 1923 et de 644.426 en 1924. A la fin du neuvième mois de 1925, elles dépassent 800.000 pontes.

L'Administration a élargi son action. Elle a tenté de soustraire les magnaniers indigènes au mercantilisme de certains commerçants étrangers qui avilissaient les prix des cocons et éloignaient ainsi l'indigène de la sériciculture. Depuis 1924, elle achète, à un barême progressif avec la richesse soyeuse et le titre (cocon au kilo), tous les cocons qui lui sont présentés. Ses achats qui étaient en moyenne de 2.768 k. 947 par an de 1920 à 1923, ont atteint 5.111 k. 100 en 1924. Certaines provinces, celle de Giadinh par exemple, vendent tous leurs cocons aux Services agricoles qui les cèdent ensuite aux acheteurs européens.

Les concours séricicoles, institués pour la première fois en 1925, à Chomoi, Tanchau, Batri, Giadinh et Cailay, obtinrent un plein succès et donnèrent de bons résultats. Le jury eut à examiner 504 lots, de 357 exposants, et il fut distribué 3.946 piastres de primes.

A la Station séricicole de Saigon, une filature mécanique de six bassines fonctionne depuis mars 1925, produisant de belles soies grèges; l'école de tissage continue à recevoir de nombreuses apprenties. Des appareils de dévidage et des métiers à tisser perfectionnés sont mis, en nombre croissant, à la disposition des sériciculteurs indigènes.

En résumé, les moyens d'action mis en œuvre, après une période de tâtonnement, se sont révélés efficaces, et de réels progrès ont été réalisés en sériciculture. La culture du mûrier et l'industrie de la soie ne tarderont pas à prendre en Cochinchine, dans un prochain avenir, la place qu'elles doivent avoir à côté de la riziculture, sans porter en rien atteinte au développement de cette dernière qui restera la principale source de richesse de ce pays.

Forêts

La Cochinchine possède avec ses forêts des richesses naturelles, qu'il importe de préserver et de développer. De plus en plus, l'action exercée par le Service forestier a eu pour but, d'une part, l'aménagement et l'exploitation méthodique du domaine dont il a la charge, d'autre part, la régénération des forêts et leur repeuplement. Des expériences sylvicoles se poursuivent à l'arboratum de Trangbom. Elles nous permettront de déterminer d'une façon complète les méthodes propres à atteindre le but que nous nous proposons. Mais sans attendre le résultat des essais pratiqués, des travaux de repeuplement par semis directs ont été effectués; il était de toute nécessité de remédier sans tarder à l'appauvrissement des forêts provenant de l'abus de la coupe libre à laquelle, malheureusement, il ne nous est pas encore permis de renoncer.

Deux nouvelles réserves formant une superficie de 54.604 hectares ont été créées au cours des années 1923 et 1924. La surface totale réservée en Cochinchine est de 540.582 hectares divisés en 173 massifs. Trois autres réserves à Bienhoa et Hatiên représentant 14.000 hectares sont en instance d'approbation, enfin 10 projets d'une surface de 120.000 hectares sont à l'étude.

Mais l'œuvre à accomplir pour la mise en état du domaine boisé est loin d'être réalisé, non seulement des réserves nouvelles devront être créées, mais encore les aménagements qui ne concernent qu'une superficie de 134.407 hectares devront être développés.

Aussi la Cochinchine consacre-t-elle à la protection et à l'amélioration de ses forêts plus de la moitié des recettes qu'elle en obtient. Sur un total de 679.311 piastres de recettes en 1924, 352.000 ont été dépensées pour le Service forestier. La même proportion a été maintenue dans les prévisions pour 1926.

Colonisation.

L'Administration s'est efforcée, en plein accord avec le Conseil colonial, de régler et de régulariser les occupations des terres ouvertes à la colonisation par l'exécution des grands travaux de dragages, dans diverses parties de la Cochinchine.

Il importait avant tout d'établir rapidement la propriété, de lui donner la sécurité qu'elle réclame, tout en garantissant les intérêts légitimes du Trésor.

Quelques chiffres montreront l'importance des réalisations effectuées depuis 1922.

80.653 ha. 15 a. 34 ca. ont été accordés en concessions définitives ; 8.938 ha. 90. a. 53 ca. en concessions provisoires ; 45.535 ha. 30 a. 02 ca. ont été vendus aux enchères publiques pour 1.205.533 $ 66, et 10.352 h. 18 a. 66 ca. cédés gré de gré pour 114.992 $ 13.

Enfin, les bornages de 169 villages cadastrés ont été entièrement réglés.

Service Vétérinaire

Les effectifs du personnel vétérinaire de la Cochinchine ont été régulièrement développés, afin de permettre une organisation rationnelle du service et une judicieuse répartition des efforts, qui doivent être réalisés pour protéger le cheptel cochinchinois et créer, là où la chose est possible, des centres d'élevage.

Les provinces de l'Ouest ont particulièrement retenu mon attention, car elles se trouvaient, de par leur situation, plus durement frappées que les autres par les épizooties. Deux secteurs ont donc été organisés dans cette région, dont les centres sont Chaudoc et Cantho.

Les dispositions prises ont permis à la Cochinchine de se défendre avec efficacité contre la redoutable épizootie de peste bovine qui a débuté en 1922 et qui, à l'heure actuelle, peut être considérée comme jugulée. Le dépistage des foyers infectieux et leur identification ont été puissamment aidés par la collaboration de tous les services. C'est ainsi que, de 1922 à 1924, 122 foyers de peste bovine ont été reconnus.

Les tournées extrêmement nombreuses des vétérinaires et de leurs auxiliaires indigènes ont permis de rapidement circonscrire le fléau partout où il était découvert. Dans la seule année 1924, la sérothérapie a été appliquée à 14.000 animaux, la séro-infection à 1.500, la vaccination antibarbone à 6.160 et anticharbonneuse à 125.

Les mesures défensives organisées sur les frontières de l'Annam et du Cambodge ont été intensifiées et, dès maintenant, la visite sanitaire et le contrôle des animaux importés fonctionnent sur toutes nos frontières, aussi n'y a-t-il eu, en 1925, qu'une mortalité extrêmement faible due aux épizooties.

Je me suis préoccupé du développement du centre d'élevage de Tan-son-nhut qui est actuellement terminé, une section bovine a été créée à côté de celle des chevaux pour répondre aux vœux exprimés par le Conseil colonial et la Chambre d'agriculture. De plus, des taureaux et des étalons ont été mis en dépôt dans certaines provinces qui paraissaient plus particulièrement propices à l'élevage. L'avenir nous renseignera sur les résultats des tentatives qui viennent d'être faites.

Ainsi, Messieurs, poursuivre en matière agricole l'éducation rudimentaire du paysan, ouvrir aux méthodes scientifiques et modernes son cerveau trop figé dans l'admiration des vieilles routines, favoriser l'introduction de cultures nouvelles, particulièrement de celles qui doivent alimenter de grandes industries, tant locales que métropolitaines, sauvegarder les moyens d'action et les instruments de travail du cultivateur, tels sont les buts essentiels vers lesquels nous avons concentré, depuis quatre ans, l'effort persévérant de nos services. Mais l'œuvre n'eût pas été complète si nous n'avions en même temps développé dans toute la mesure de nos moyens ces institutions d'assistance agricole qui encouragent le travailleur, le soutiennent dans ses épreuves et contribuent puissamment à accélérer l'essor du pays.

Syndicats et Caisses de Crédit agricoles indigènes. — C'était en quelque sorte un lieu commun jusqu'ici dans le monde colonial que d'affirmer qu'il n'existait en Cochinchine aucune forme de Crédit agricole à l'usage des indigènes. On retrouve cette opinion formulée aussi bien dans la presse coloniale que dans les documents officiels. Une telle affirmation n'est plus exacte aujourd'hui, car elle ne tient aucun compte de l'existence d'un Crédit agricole mutuel indigène qui constitue désormais un instrument de crédit efficace, adapté aux besoins des populations, fonctionnant sans à-coup et sans mécompte.

Le Crédit agricole indigène est organisé en Cochinchine depuis 1913 sous la forme de crédit mutuel. Après quelques tâtonnements, il a pris, au cours de ces dernières années, sous l'impulsion du Gouvernement local, un développement qui est la preuve de son efficacité.

Au cours du dernier exercice écoulé, en 1924, l'ensemble des Caisses de Crédit indigène a procuré à leurs adhérents un volume total de prêts qui s'élève à quatre millions de piastres en chiffres ronds, en augmentation d'un million de piastres sur le chiffre de l'année précédente. Ce chiffre, si on le traduit en francs, est supérieur à celui réalisé par toutes les Caisses de Crédit agricole des colonies françaises et de l'Afrique du Nord, Algérie excepté ; il équivaut sensiblement, si on le ramène à l'importance de la population, au volume des opérations de prêt similaires réalisé par les Caisses de Crédit agricole de la France en 1923.

Ce résultat est d'autant plus remarquable que la création de ces institutions est toute récente. Si la première Caisse de Crédit a été fondée à Mytho en 1913, cet exemple, demeuré unique, ne fut suivi qu'en 1918 par d'autres provinces et, en fait, c'est au cours de ces quatre dernières années que s'est affirmée la multiplication des Caisses de Crédit et le développement de leurs opérations.

Les Syndicats et Caisses de Crédit agricoles de Cochinchine sont constitués sous la forme prévue par la législation métropolitaine antérieure à la loi du 5 août 1920 complétée par une réglementation locale appropriée. Constitués entre propriétaires indigènes, usufruitiers, fermiers et, d'une manière générale, tous les exploitants du sol, ces groupements disposent d'un capital propre très réduit qui constitue une garantie plus morale que matérielle. La véritable sauvegarde de leurs opérations réside dans l'engagement solidaire de responsabilité sur leurs biens que prennent tous leurs membres et qui, dans presque toutes ces institutions, revêt la forme de responsabilité illimitée.

Les fonds nécessaires aux prêts ont été obtenus jusqu'ici par l'unique moyen de l'escompte des billets de prêt à la Banque de l'Indochine. La Colonie, c'est-à-dire, dans l'espèce, le Budget local de la Cochinchine, garantit à l'établissement bancaire la bonne fin des opérations.

Pratiquement les résultats obtenus peuvent s'apprécier ainsi. Au cours de ces quatre dernières années, c'est-à-dire de 1920 à 1924, le nombre de Caisses de Crédit provinciales est passé de 6 à 11 ; leur capital effectivement versé de 23.000 à 87.000 piastres ; le nombre de leurs adhérents de 2.000 à 4.000 ; la fortune personnelle des caisses de 108.000 à 261.000 piastres et enfin le volume de leurs opérations de prêt de 1.567.000 piastres à 3.811.000 piastres, s'accroissant régulièrement de un million de piastres environ par an. Pour l'année en cours, c'est-à-dire 1925, le volume des prêts atteindra vraisemblablement cinq millions de piastres.

Au 31 janvier 1924, onze provinces sur vingt de Cochinchine étaient dotées de Caisses de Crédit, trois autres sont en voie d'organisation. D'ores et déjà, toutes les provinces de l'Ouest, sauf Chaudoc et Hatien, en sont pourvues; les provinces de l'Est, moins riches, sont plus en retard à ce point de vue. Des efforts sont faits pour améliorer cette situation.

Depuis la création de ces caisses, et malgré des crises passagères dans certaines d'entre elles, aucun mécompte sérieux n'a été éprouvé dans le recouvrement des prêts qui, pratiquement, s'opère en cinq annuités avec un taux d'intérêt de 10 °/o par an. Aucun des prêts consentis n'est demeuré en souffrance, tous ont pu être recouvrés avec un minimum de difficultés. Et encore, les sommes en retard provenaient, pour la presque totalité, du fait de mauvaises récoltes compromises par les circonstances atmosphériques. Ces résultats sont donc des plus satisfaisants. D'ores et déjà, et malgré l'époque récente de leur création, on peut constater les effets très nets et encourageants de l'action des Caisses de Crédit mutuel indigène sur le crédit foncier indigène en général.

En premier lieu et dans les provinces où existent ces caisses, le taux des prêts fonciers a une tendance à baisser progressivement. Alors que le taux moyen de ces prêts atteignait généralement 24 ou 30 °/₀ ou même davantage, il tend à s'abaisser à 18 °/₀, tout au moins au profit des propriétaires offrant une certaine surface. On relève une tendance des prêteurs chettys ou chinois à délaisser progressivement les prêts agricoles pour les prêts commerciaux, là où existe une Caisse de Crédit et, de plus en plus, ils doivent se montrer moins exigeants et se contenter de garanties moindres. Il n'en est pas moins certain que l'action néfaste de l'usurier étranger sur le propriétaire annamite tend à s'atténuer de plus en plus. Et, à cet effet, il faut faire ressortir que l'une des conséquences les plus utiles des Caisses de Crédit a été de maintenir dans la colonie des capitaux qui, sous forme d'intérêts payés, se seraient enfuis vers l'Inde ou la Chine. Au cours de la seule année 1924, et en tablant sur un écart minimum de 15 °/₀ entre le taux d'intérêt des Caisses de Crédit et celui des usuriers, c'est une somme de 600.000 piastres qui a été épargnée aux propriétaires autochtones de la Cochinchine, à laquelle il convient d'ajouter les 160.000 piastres qui, sous forme de ristournes ou de prélèvements sur les intérêts (4 °/₀ du montant des prêts) sont restées dans les coffres des Caisses de Crédit indigènes et par conséquent, en territoire cochinchinois.

Mais deux causes ont encore jusqu'ici retardé les progrès du Crédit agricole indigène et favorisé le maintien de l'usurier. Ce sont, d'une part, les formalités et garanties dont les prêts des Caisses de Crédit doivent être entourés, d'autre part, le fait que ces institutions ont profité surtout jusqu'ici aux grands et moyens propriétaires qui les ont très vite adoptées et pas encore suffisamment aux petits propriétaires. Des mesures sont prises pour remédier à cette situation.

Des instructions ont été données pour que les formalités de constitution de dossiers, d'examen et de contrôle soient réduites au strict minimum; les délivrances de pièces donnent lieu à des droits spécialement réduits et enfin des mesures de faveur toutes spéciales viennent d'être adoptées pour la diffusion du Crédit parmi les petits propriétaires.

En définitive, il est permis d'affirmer que l'existence d'un Crédit agricole en Cochinchine à l'usage des indigènes est aujourd'hui plus qu'une espérance, une réalité concrète dont le développement s'affirme chaque année. Certes, il y a encore des progrès et des perfectionnements à réaliser pour que ce Crédit soit accessible à tous, afin que tout cultivateur pouvant donner des garanties puisse en profiter. Plus encore qu'à l'initiative gouvernementale, il appartient aux dirigeants eux-mêmes de ces institutions de faire le nécessaire à cet effet, ils ont en mains les éléments de succès.

De même l'existence de succursales de banque dans les provinces à portée des Syndicats agricoles améliorerait notablement les conditions de fonctionnement en supprimant l'envoi des dossiers à Saigon. Le Crédit agricole absorbe, d'ores et déjà, en Cochinchine, un crédit minimum de cinq millions de piastres qui doit s'accroître dans l'avenir avec la création de nouveaux syndicats et les facilités données aux petits propriétaires.

Le Gouvernement local ne saurait passer sous silence la critique faite à l'égard des Syndicats et Caisses de crédit indigènes de Cochinchine par les représentants des colons français, à savoir que ces institutions ne bénéficient qu'aux indigènes et qu'elles ne sont pas accessibles aux agriculteurs français qui, dans l'état actuel, ne disposent d'aucune forme spéciale de crédit foncier en dehors des banques locales qui ont tendance à préférer les opérations sur les terrains urbains bâtis. Cette critique n'est pas sans fondement, mais l'Administration ne saurait être rendu entièrement responsable de cet état de choses. La timidité des banques locales même foncières à l'égard des prêts ruraux se justifie, dans une certaine mesure, par l'incertitude, qui a été certes exagérée, des droits réels constitués sous le régime juridique actuel de la propriété foncière. A ce point de vue, la nouvelle législation foncière édictée en Cochinchine par le décret du 21 juillet dernier apportera une appréciable amélioration à la situation particulièrement en faveur des Européens et assimilés qui vont bénéficier de la sécurité et des facilités de constitution de sûretés réelles que la coutume annamite et le dia-bô assuraient déjà aux propriétaires indigènes. Les banques locales pourront donc se livrer aux opérations de prêt sur biens ruraux en toute sécurité.

En ce qui concerne le Crédit mutuel agricole, les Européens et assimilés ne sauraient être admis dans les Syndicats indigènes en raison de la différence de leurs statuts personnels et réels, de l'impossibilité, par exemple, pour les Français de donner en nantissement leurs biens fonciers, puisque le Code Civil ne connaît, en cette matière, que le régime de l'hypothèque. Mais, par contre, il semble que l'on ait un peu perdu de vue que la législation sur les Syndicats et Caisses de Crédit agricoles est applicable indifféremment aux Français comme aux indigènes et que rien n'empêche les colons français de constituer entre eux un Syndicat et une Caisse de Crédit sous la seule condition de prendre, comme les indigènes, l'engagement solidaire de responsabilité limitée ou illimitée sur leurs biens. Une telle institution bénéficierait des mêmes facilités que les Caisses de Crédit indigènes. Il appartient aux intéressés de la créer et la Colonie ne refuserait certes par son concours à cet effet.

L'étendue des développements que je viens de consacrer à l'examen des problèmes de l'agriculture cochinchinoise se justifie trop facilement par l'importance du rôle que jouent dans la vie de ce pays l'extension et la mise en valeur de ses richesses. Mais pour accroître ses facultés de production, qui conditionnent pour un proche avenir la stabilité définitive de sa prospérité, il est indispensable que, pendant de longues années encore, le Budget consacre, aux travaux de canaux et de routes, une large portion de ses ressources. Pour vaincre les friches, pour faciliter la pénétration jusqu'aux plaines les plus reculées, d'énormes travaux sont nécessaires dont le programme se précise chaque année, à mesure que se relèvent de nouveaux besoins auxquels il nous est malheureusement impossible de donner une immédiate satisfaction. L'année est courte, les ressources budgétaires sont limitées : partie d'entre elles est de plus absorbée par ces travaux d'entretien dont la valeur grossit annuellement en proportion des créations nouvelles. Je crois cependant, Messieurs, que ces quatre dernières années un progrès sensible a été réalisé et je vous convie à en mesurer avec moi les étapes.

Travaux Publics

Par suite de la réforme financière réalisée, la plus grande partie des travaux exécutés en Cochinchine est maintenant inscrite au Budget local. Le Conseil Colonial a donc, désormais, à connaître des dépenses concernant la mise en valeur du pays qui, jusqu'à ce jour, échappaient à son contrôle.

Les crédits affectés aux travaux neufs qui ne s'élevaient, en 1925, qu'à 1.978.093 piastres atteignent, en 1926, 3.811.940 piastres. Il se répartissent de la façon suivante :

Routes locales.	806.100 $	00
Routes coloniales. ...	328.350	00
Bâtiments civils... ...	1.025.590	00
Musée économique. ...	100.000	00
Assainissement	34.000	00
Hydraulique agricole...	1.500.000	00
Navigation intérieure...	17.900	00

A ces différents crédits, il faut ajouter 440.000 piastres accordées en subvention à la Ville de Saigon pour l'exécution de ses travaux — et 226.000 piastres de dépenses extraordinaires. Sur le total de 1.025.590 piastres affectées aux bâtiments civils, 485.750 piastres seront employées à la construction d'écoles et 157.150 piastres au développement de nos formations sanitaires.

Un effort considérable sera fait cette année pour la construction de routes dans les régions propres à la culture de l'hévéa et de la canne à sucre, dont le rôle au point de vue de l'économie générale du pays s'affirme sans cesse plus important. L'Ouest, d'ailleurs, qui déjà absorbe tous les crédits de dragages, ne sera pas négligé. 244.000 piastres sont prévues pour l'achèvement de la route Saigon à Rachgia.

Le développement de notre réseau routier est poursuivi aussi rapidement que le permettent les ressources du budget, la progression est continue, chaque année des routes nouvelles sont ouvertes à la circulation.

Les routes coloniales qui, en 1922, avaient 834 kilomètres atteignent actuellement 914 kilomètres dont 800 empierrés : pendant cette même péride la longueur des routes locales est passée de 1.151 km. à 1.213 dont 714 empierrés et il a été construit 110 ponts définitifs représentant au total 2.430 m.

Le développement des voies de communication a été puissamment aidé par la participation des Budgets provinciaux, qui tout en continuant à supporter les charges considérables qui leur ont été imposées, ont pu consacrer une partie de leurs ressources à la construction de routes. Il existe actuellement 1.692 km. de routes provinciales et 3.729 km. 194 de routes communales ; la progression est de 623 km. depuis 1922.

Le crédit le plus fort inscrit au budget de 1926 concerne l'hydraulique agricole. Il importe, en effet, de poursuivre régulièrement l'exécution de l'œuvre gigantesque qui a été entreprise pour la mise en valeur des riches terres de l'Ouest. Dix années d'efforts seront encore nécessaires pour achever le programme qui permettra le drainage et l'irrigation des vastes plaines encore incultes. Quelques chiffres feront mieux ressortir l'importance des travaux entrepris et exécutés : de 1922 à octobre 1925, il a été extrait 25.462.512 mc. de déblais correspondant à une longueur de 246 km 420 de canaux creusés et à une dépense de 3.803.190 piastres. A ces totaux impressionnants, il convient d'ajouter la longueur des canaux creusés pendant les mêmes années au compte des provinces et des communes qui dépasse 100 km.

Dès 1925, les petites dragues, dont votre Conseil a autorisé l'acquisition, ont pu être utilisées : les crédits inscrits aux budgets provinciaux et communaux permettent d'assurer leur fonctionnement sans arrêt. Grâce à leur utilisation, le drainage complet de vastes régions où sont déjà creusés les grands canaux, pourra être rapidement obtenu. Un essai qui paraît couronné de succès a été tenté cette année dans le Cau-an-ha, les résultats obtenus nous serviront d'expérience pour l'aménagement de la Plaine des Joncs.

Je viens de vous donner un rapide aperçu des grands travaux exécutés en Cochinchine, mais il conviendrait pour faire un inventaire complet des richesses qui ont été créées, de mentionner également les réalisations obtenues à Saigon et Cholon et dans le Port de Commerce. Les deux grandes villes de la Cochinchine peuvent chaque année consacrer 1.200.000 piastres à leurs travaux neufs ; aussi l'assainissement et l'aménagement de la Ville de Cholon a-t-il pu être poussé activement, tandis que Saigon effectuait la transformation de certains de ses grands Services ; en outre, des puits nouveaux ont été creusés qui permettront d'obtenir les quantités d'eau qui sont nécessaises en attendant la réalisation des projets d'adduction actuellement à l'étude. Le Port a développé son outillage et ses voies de communication. Ses installations et ses achats ont été en partie effectués au compte de l'emprunt de 2.000.000 piastres autorisé dont la première tranche de 600.000 piastres a été récemment placée.

Il est nécessaire que le Port soit doté de tous les moyens indispensables, car son trafic se développe avec une extrême rapidité. Le tonnage des entrées et des sorties qui a été de

	3.143.488	tonneaux	en	1922
	3.207.738	—		1923
	3.352.676	—		1924
atteindra	3.600.000	—		1925

Si à ces chiffres on ajoute le tonnage des navires de rivières et des jonques, on arrive à un total qui dépasse 5 millions de tonneaux. Saigon se place ainsi parmi les grands ports français.

Assistance médicale

Comme les organismes jeunes et vigoureux, l'Assistance médicale continue à se développer suivant un rythme normal et harmonieux. Quelques chiffres donneront mieux que de longues phrases un aperçu de ces progrès au cours de ces dernières années.

Pour la seule population indigène, le nombre des malades traités est passé de 257.580 en 1921 à 464.616 en 1924. Celui des consultations de 746.252 à 1.073.164.

Le chiffre des hospitalisations s'est élevé de 45.585 à 66.590, celui des journées de traitement de 846.911 à 1.211.430.

Ce mouvement ascensionnel traduit non pas une aggravation de l'état sanitaire qui s'est, au contraire, amélioré, mais l'action plus efficace de nos services qui atteignent, grâce à leur extension et, si j'ose dire, à leur décentralisation, des parties de la population des campagnes trop éloignées des centres pour bénéficier réellement, jusqu'ici, de nos secours.

Nous avons cherché à mettre de plus en plus nos ressources à la portée des populations rurales; nous avons créé, depuis 1922 seulement, 17 postes médicaux secondaires dont 10 pourvus d'un médecin auxiliaire et d'une sage-femme et 7 d'un excellent infirmier, 5 maternités isolées, 27 postes de sages-femme mobiles. Plusieurs autres sont en voie d'organisation.

Ce n'est pas que les centres aient été oubliés. Partout les hôpitaux ont été améliorés, fréquemment agrandis. Deux nouvelles polycliniques ont été créées, une à Saigon (Tandinh) une Bentre. Des consultations ou des services de spécialités (ophtalmologie, oto-rhino-laryngologie, stomatologie) ont été organisés à Saigon ou à Cholon, où elles ont vite conquis la faveur de la population.

L'Hôpital indigène de Cochinchine, à Cholon, continue à s'accroître et à s'équiper suivant un plan qui en fera un superbe établissement hospitalier, muni de toutes les ressources de la thérapeutique moderne. Il a été doté de 4 pavillons supplémentaires de malades d'un groupe opératoire qui excite l'admiration des visiteurs, de services de désinfection, d'hydrothérapie, de dépendances, de logements pour le personnel médical, etc. Un pavillon d'électroradiologie y est en voie d'organisation. Enfin, le matériel pour le service de radiumthérapie, dont le Conseil colonial avait demandé la création dans sa dernière session, a été commandé en France.

La Maternité et l'Ecole des sages-femmes de Cholon ont été agrandies et réorganisées.

Médecine sociale

Vous avez bien voulu, dès 1922, vous rallier à mes propositions en donnant votre entière adhésion de principe à l'organisation de la Médecine sociale en Cochinchine. Notre but était de parfaire, de stabiliser en quelque sorte, les résultats acquis par le développement des œuvres hospitalières et d'assistance, la médecine préventive venant ainsi, à la minute opportune, compléter les bienfaits de la médecine curative. Bien mieux, mes suggestions ont reçu de votre part une consécration officielle de fait par les crédits généreusement consentis à leur réalisation.

Fidèles en cela à une mise en application effective de votre programme de pénétration pacifique par l'hygiène, vous avez accordé un légitime souci à la question essentielle et primordiale de la préservation du capital humain, dont les répercussions économiques ne pouvaient vous échapper, par suite du développement de la main-d'œuvre indigène qui s'y trouve intimement lié et dont le corollaire incontestable n'est autre que la mise en valeur des richesses du sol et du sous-sol.

Dans son remarquable livre sur l'Education, Herbert Spencer s'exprime ainsi : « La première condition pour réussir dans la vie est d'être un bon animal et la première condition de la prospérité nationale, c'est d'être une nation de bons animaux».

Il y a donc pour nous une obligation morale et politique impérieuse d'augmenter notre capacité physique, nos disponibilités en hommes valides, par des œuvres de prophylaxie sociale, la santé étant aussi indispensable à l'ouvrier qu'à l'intellectuel pour leur garantir le droit au travail qui, selon l'heureuse formule de G. Hanotaux, « est et demeurera de plus en plus la loi des démocraties nouvelles ».

Mais la mise sur pied d'une telle œuvre comporte deux grandes étapes : 1° la préparation au travail par le groupement de spécialistes bien choisis et l'apport du matériel indispensable ; 2° la période des réalisations qui est subordonnée à l'éducation des masses.

Grâce au merveilleux effort de l'Institut Pasteur de Saigon dont le rendement se renforce du fait de la généreuse tutelle de l'Institut Pasteur de Paris, la première étape a été franchie, on peut dire allègrement et dans des proportions véritablement inattendues.

C'est ainsi que la prophylaxie de la tuberculose a déjà donné, à l'expiration de la deuxième année, des résultats dont les chiffres me semblent suffisamment éloquents et se passent de tous commentaires : 20.000 brochures de propagande distribuées ; plus de 10.000 cutiréactions effectuées ; un millier d'enquêtes sociales pratiquées chez les enfants des écoles et leurs familles ; et, au cours de la dernière année, plus de 3.000 nouveaux-nés vaccinés par le vaccin B. C. G. de Calmette dont l'importante découverte ouvre la voie à tous les espoirs.

Concurremment, la lutte contre le paludisme se poursuivait non moins ardente. Mais à côté du perfectionnement indéniable réalisé dans les recherches de laboratoire, un premier essai d'étude sur le terrain a démontré la nécessité absolue de confier à un entomologiste qualifié le soin de préciser les diverses espèces de moustiques pouvant jouer sur place le rôle de vecteurs de l'infection palustre. Pour satisfaire à ce besoin, une première mission d'étude a été confiée à un spécialiste dûment choisi par l'Institut Pasteur de Paris. Les recherches entreprises ont abouti à des résultats si féconds qu'elles soulignent la nécessité de rendre permanente sa mission, pour laquelle je vous demande avec la plus pressante instance de voter un crédit approprié.

Après la tuberculose et le paludisme, la syphilis mérite par ses dégâts déconcertants de retenir toute notre attention. Sa prophylaxie a certes fait des progrès d'ordre théorique aussi brillants que sa thérapeutique. Un point délicat subsiste cependant : l'application pratique très difficile à atteindre : or il n'est pas douteux qu'en dépit des précautions prises (enseignement par la parole et par l'image, organisation de cabines prophylactiques dans les endroits les plus dangereux pour la contagion, distribution gratuite de produits préservateurs réputés les meilleurs, etc...). il ne semble pas que les résultats puissent être comparés à ceux qu'on est en droit d'escompter dès maintenant pour la tuberculose et le paludisme.

A mon sens, et en saine logique, la condition essentielle de la prophylaxie antivénérienne réside dans la stérilisation du réservoir de virus, qui exige elle-même la gratuité et la discrétion ; c'est-à-dire l'organisation d'un Institut approprié où tous les avariés pourront atteindre le but visé en toute tranquillité, au même titre que ceux, plus favorisés de la fortune, auxquels ces avantages sont garantis par les consultations prises auprès de praticiens exerçant librement.

Pour y parvenir, je ne saurais mieux faire qu'en m'inspirant du modèle réalisé par les Instituts prophylactiques de la Ville de Paris. Mais on ne fait rien sans ressources et force m'est d'avoir recours à vous pour l'édification et la dotation de l'établissement dont la création est prévue pour 1926. Ne perdons pas de vue que la mortinatalité puise une de ses causes principales dans la syphilis.

Contrairement aux idées généralement admises, l'indigène paye au cancer un tribut très lourd. L'étude présentée dans ce sens au Congrès de Tokyo l'établit cruellement. Déjà un progrès sérieux a été accompli depuis le vote de votre dernière réunion, relatif à l'achat du radium et à l'installation d'un service de radiothérapie profonde. La commande est faite. L'arrivée à destination est imminente. Il vous reste à pourvoir aux obligations de constructions, d'aménagement et de personnel nécessaires au fonctionnement de ce Service pour lequel je suis sûr de votre assentiment.

Préservés contre ces quatre redoutables entités morbides, nous n'avons pas le droit de nous désintéresser de toutes celles qui, moins troublantes pour le profane, n'en exercent pas moins des ravages quotidiens et contre lesquelles la lutte s'impose d'autant plus impérieuse qu'elles revêtent un caractère d'endémicité susceptible de restreindre l'émigration européenne vers notre Colonie. Il s'agit ici de toutes ces affections intestinales dont l'origine hydrique est indiscutable. Aux colonies surtout, on doit disposer d'eau en abondance, et pouvoir la gaspiller pour les soins corporels. L'eau réservée à l'alimentation réclame en outre une épuration rigoureuse. Ces deux questions de la quantité et de la qualité sont actuellement à l'étude. Des perfectionnements sensibles ont été apportés à l'approvisionnement des Villes de Saigon-Cholon par la récente adjonction de puits creusés aux environs, et devant donner un supplément de 10.000 mc. par 24 heures. Mais l'idéal n'est pas atteint et nous devons considérer la situation actuelle comme une solution d'attente pour poursuivre avec plus d'opiniâtre ténacité la mise à exécution du projet d'une importante adduction d'eau captée à une source offrant toutes les garanties de sécurité désirables en l'espèce.

Passionnant au même titre que les affections gastro-intestinales — dont il ne paraît être qu'une variété d'après les récentes découvertes du Docteur Noël Bernard — est le béribéri. Cette maladie, pour laquelle des tonnes d'encre ont été versées, emprunte un intérêt capital aux dangereuses répercussions qu'est susceptible d'exercer sur nos exportations de riz, une interprétation erronée des conditions de son développement. Conformément au vœu émis en 1923 par le Congrès International de Médecine tropicale de Singapore, l'étude de cette question a été confiée à une Commission locale composée de biologistes, de chimistes, d'industriels et de commerçants, dont les travaux soumis au Congrès actuel de Tokyo, ne peuvent manquer de faire sensation et de nous être grandement profitables.

Grâce aux mesures prophylactiques énergiquement, scientifiquement et prudemment appliquées, une détente particulièrement favorable s'est produite dans les observations de cas de peste, de variole et de choléra au cours de ces dernières années. Les chiffres qui suivent sont à cet égard saisissants :

les décès sont tombés de 105.154 en 1922 à 84.888 l'an dernier, soit de 26.83 °/₀ à 21, 27 °/₀. La mortalité infantile est en décroissance et à Saigon notamment pour les nourrissons, de la naissance à un an, elle s'est abaissée de 15 °/₀ en 1922 à 12 °/₀ en 1924.

Mais la plupart de ces projets concernent l'âge adulte auquel peuvent seuls parvenir les enfants du premier âge dont la protection apparaît encore plus capitale.

La puériculture, pour assurer des effets certains. doit être envisagée antérieurement à la naissance. C'est ce qu'on appelle couramment la puériculture utérine qui comprend non seulement l'installation de maternités, mais encore un service de consultations avec salles de repos pour les femmes enceintes, des secours en espèces, des mesures pour combattre l'action nocive sur la grossesse de certaines professions, infections et intoxications. Puis viennent les consultations de nourrissons, les ouvroirs, les crèches, les pouponnières, pour lesquels un effort sérieux gouvernemental et privé vient d'être accompli.

Il en est de même des soins avec lesquels il convient d'entourer la croissance et la puberté au point de vue intellectuel et moral, la protection des enfants infirmes et abandonnés, le triage des anormaux, les colonies de vacances, etc, etc...

Ce vaste programme comprend en dehors de l'édification de l'Institut de Puériculture qui est terminé et qui va fonctionner en 1926, une action permanente et concertée d'apôtres de bonne volonté (œuvres privées, mutuelles, gouvernementales, propagande par les tracts, les conférences, le cinéma) en même temps que l'union de toutes les forces vives de la nation (politiciens, savants, administrateurs, capitalistes, etc...)

En ce qui nous concerne plus directement, nous disposons par suite des créations de ces dernières années, d'une vitesse acquise et d'une avance qu'il ne faut pas laisser perdre et pour lesquelles nous avons ce devoir de prévoir les ressources financières nécessaires.

Je me rends exactement compte de l'effort considérable qu'il reste à fournir. Mais il m'apparaît infime en proportion de celui déjà consenti et du rendement qu'il faut en escompter. Les dépenses imposées par la protection de la santé publique offrent l'inconvénient de comporter une mise de fonds qui paraît tout d'abord disproportionnée à l'intérêt immédiat du capital engagé. Mais ces sacrifices constituent un placement à longue échéance et à rendement certain dont il importe d'autant mieux de se pénétrer que « diriger c'est prévoir» et que chacun de nous peut être demain le premier bénéficiaire de cette conception altruiste.

Il n'est pas douteux que, si par la réduction de la mortalité et le développement de la natalité, nous nous trouvons en mesure d'augmenter peu à peu la main-d'œuvre indigène des pays de l'Union, notre rendement économique en sera rapidement et considérablement accru. Ainsi se vérifie cette formule du Gouverneur général Roume : « Ici, comme partout, l'hygiène et les « travaux publics auront raison des difficultés rencontrées et « fixeront sur des bases solides les droits de la conquête ».

Nous voici enfin parvenus, Messieurs, au terme de ce long voyage, que je m'excuse de n'avoir pu écourter, à travers le vaste domaine de l'activité administrative en Cochinchine. Nous ne saurions sans doute, conscients de la modicité de nos ressources et de l'imperfection trop humaine de nos desseins, nous targuer d'avoir enrichi ce domaine d'édifices définitifs, dont la belle ordonnance s'imposera au pieux respect de nos successeurs. Nous avons essayé seulement d'asseoir sur des fondations stables des murailles solides : à d'autres le soin d'en façonner les parures intérieures et d'en dessiner l'harmonieuse façade.

Animés d'un égal et constant désir de mieux faire, nous avons recherché ensemble les méthodes les plus sûres pour parvenir à ces réalisations rapides que sollicite, âprement parfois, l'impatience juvénile d'un peuple trop fraîchement ébloui par les séductions du progrès pour comprendre toujours la prudente nécessité des retardements inéluctables. Puissions-nous, Messieurs, avoir réussi à lui prouver qu'une sage persévérance dans la poursuite méthodique de buts clairement définis produit de plus durables effets que le fracas trompeur d'une activité éphémère qui ruine sa force en la dispersant. Dans le plein accord de nos volontés qui convergeaient vers un même objectif, nous avons travaillé avec une égale et sereine indifférence pour ces approbations passagères et enthousiastes si vite muées, souvent, en injustes critiques, comme pour ces dénigrements systématiques qui s'efforcent d'intimider l'action, afin de justifier ensuite le reproche d'inertie. C'est là, Messieurs, un trop rare mérite au sein de Conseils élus pour qu'il ne vous conserve pas juste estime de vos mandants.

Aussi, Messieurs, ce m'est une joie sensible, en vous remerciant de votre si heureuse collaboration, que de vous redire encore combien la précision et la sagesse de vos suggestions, autant que les avis prudents de votre expérience ont facilité et accéléré l'accomplissement des œuvres qui, depuis quatre ans, ont attesté aux yeux du peuple qui surveille nos travaux, notre vouloir d'un large effort de réalisations utiles.

La claire conscience des desseins de générosité et de tutélaire bienveillance qu'affirme, par tant de sages réformes, le cœur magnanime de la Mère-Patrie envers ses jeunes enfants de l'Extrême-Asie, fut l'inspiratrice assidue de nos efforts communs. Uniquement soucieux de susciter au cœur du peuple, dont nous orientons la rapide évolution vers les cimes du progrès, ce sentiment de confuse reconnaissance qui resterait la plus douce récompense de notre dévouement à son mieux-être, nous aurons, Messieurs, rempli notre devoir de bon citoyen de la France Républicaine, si la ferveur de notre zèle et la vigilance de notre sollicitude ont pu faire éclore, dans l'âme conquise de l'élite et de la masse annamites, la magnifique floraison d'un indéfectible attachement à notre chère et bienfaisante Patrie.

www.ingramcontent.com/pod-product-compliance
Ingram Content Group UK Ltd.
Pitfield, Milton Keynes, MK11 3LW, UK
UKHW020402220726
13923UKWH00004B/1681

9 782329 040820